Por favor pegue su
foto escolar aqui

Me llamo

_____

Yo tengo____años

La Simple Razón
¿Porqué compartir el evangelio en forma de poema?

La oración de Matt y Sherry McPherson, los autores del "Poema de Salvación", es que este simple poema sea utilizado para guiar a millones de personas alrededor del mundo a aceptar a Jesucristo como su Señor y Salvador.

Piensa en el poder de un poema. Casi todas las personas pueden terminar la frase, "Los pollitos dicen pío pío pío". ¿Por qué será que puedes recordar este poema? No tiene ningún significado especial para tu vida hoy pero sin embargo no lo podrías olvidar aunque trataras. Este es el asombroso poder de un poema.

Las seis frases cortas del Poema de Salvación presentan el mensaje eterno del Cordero Perfecto de Dios. Los niños y adultos que aprendan esta rima sencilla llevaran el mensaje transformador del amor de Dios en sus corazones. Poema de Salvación servirá como una oración de arrepentimiento en el momento preciso en que la persona este preparada para recibir la salvación a través de Jesús. Por el simple hecho de que Poema de Salvación es fácil de aprender y difícil de olvidar, también servirá como una excelente herramienta para ayudar a los cristianos a sentirse cómodos al guiar a otros a Cristo.

Poema de Salvación

Por Matt y Sherry McPherson

www.poemadesalvacion.com

Ilustraciones por Tom Bancroft y Rob Corley, Funny Pages Productions
Historia de la Creación escrita por Craig Chapman, Josh Meyer y Matt McPherson
Traducido por Sammy Góndola, Cara Bruihler, Lisa Perez,
Asa y Milena Milleman, Jose Reyes y Ismelda Y Reyes

ISBN: 978-0-9826217-2-1

© 2009 Matt y Sherry McPherson. Todos los derechos reservados.

Ninguna porción de este libro puede ser reproducida o trasmitida de ninguna forma, medio electrónico o mecánico, incluyendo fotocopias, grabaciones, o por ningún dispositivo de almacenamiento de información o sistema de recuperación de datos sin permiso por escrito del autor.

En el principio, el único y verdadero Dios quien nos ama creo la tierra, las estrellas y todo lo que existe. Dios hizo a las primeras personas y las puso en un jardín hermoso donde podían vivir para siempre.

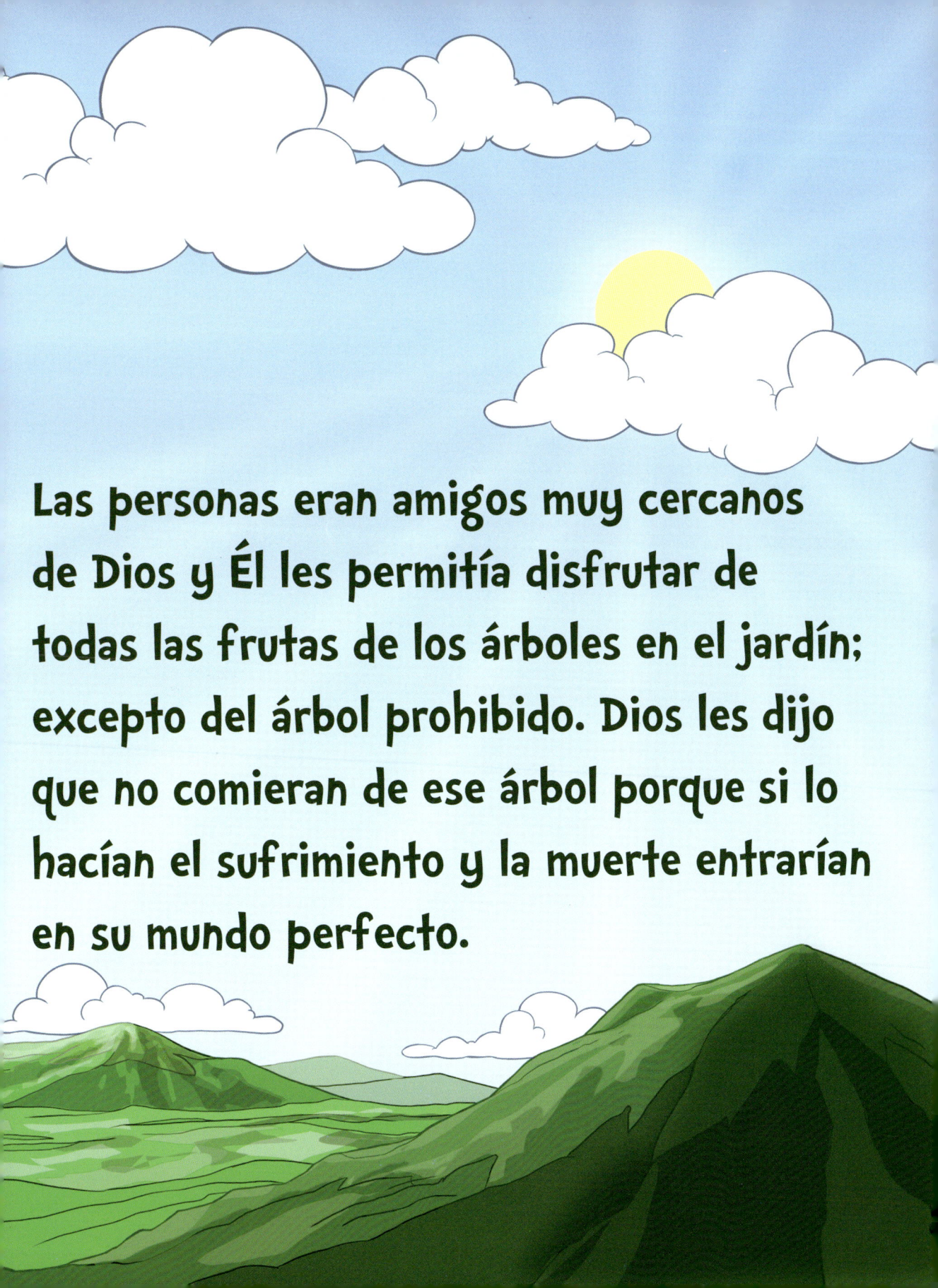

Las personas eran amigos muy cercanos de Dios y Él les permitía disfrutar de todas las frutas de los árboles en el jardín; excepto del árbol prohibido. Dios les dijo que no comieran de ese árbol porque si lo hacían el sufrimiento y la muerte entrarían en su mundo perfecto.

Sin embargo, las personas comieron del árbol prohibido aun cuando Dios les había dicho que no lo hicieran. Por su desobediencia, las personas ya no podían estar cerca de Dios. El sufrimiento y la muerte ahora son el precio que tenemos que pagar porque todos nosotros de alguna manera hemos desobedecido a Dios.

Pero como Dios nos ama tanto, Él envió a su hijo perfecto Jesús para tomar nuestra culpa y pagar el precio de nuestra desobediencia. Jesús fue clavado en una cruz de madera y allí murió.

Mas al tercer día, Jesús se levanto de los muertos para derrotar a la muerte de una vez por todas y para darnos la oportunidad de vivir con Dios ahora y en el cielo para siempre.

Por la maravillosa gracia de Dios, Jesús ha hecho posible que otra vez podamos ser amigos de Dios.

La única manera en que podemos vivir para siempre con Dios es creyendo que Jesús murió por nosotros y pidiéndole que perdone nuestros pecados. Así tendremos una maravillosa amistad con Dios ahora y en el cielo.

Poema de Salvación

¡El plan de Dios para ti!

Cristo, moriste en una cruz

Romanos 5:8

Y resucitaste con poder

Juan 3:16

Perdona mis pecados hoy

1 Juan 1:9

Sé mi Señor y Salvador

Romanos 10:9

Cámbiame y hazme otra vez

2 Corintios 5:17

Y ayúdame a serte fiel

Colosenses 2:6

Cristo, moriste en una cruz

Dios demuestra su gran amor por nosotros de esta manera: en que aun siendo pecadores, Cristo murió por nosotros.
Romanos 5:8

Y resucitaste con poder

Dios nos amó tanto que entregó a su único Hijo, para que todo el que crea en Él no muera sino que tenga vida eterna.
Juan 3:16

Perdona mis pecados hoy

Si le decimos a Dios nuestros pecados, Él es fiel para perdonarnos y limpiarnos de todos nuestros pecados.
1 Juan 1:9

Sé mi Señor y Salvador

Si confiesas con tu boca que Jesús es el Señor, y crees en tu corazón que Dios lo levantó de los muertos, serás salvo.
Romanos 10:9

Cámbiame y hazme otra vez

Cuando alguien acepta a Jesús en su corazón, llega a ser una nueva persona en su interior. Ya no es la misma persona de antes. Una nueva vida ha comenzado!
2 Corintios 5:17

Y ayúdame a serte fiel

Así como has recibido a Jesucristo como tu Señor, sigue viviendo una vida dedicada a Él.
Colosenses 2:6